**Daniel J. BLANCHY**

Avocat à la Cour d'Appel de Bordeaux

# Le Procès

# des Frères Faucher

6 DÉCEMBRE 1928

# Le Procès
# des Frères Faucher

## DISCOURS

PRONONCÉ LE 6 DÉCEMBRE 1928

A LA SÉANCE D'OUVERTURE DE LA CONFÉRENCE DES AVOCATS STAGIAIRES

DE BORDEAUX

### Par Mᵉ Daniel J. BLANCHY

Avocat à la Cour d'Appel de Bordeaux

BORDEAUX

IMPRIMERIE L. DELBREL

20, Rue Condillac, 20

1929

En jetant les yeux sur l'histoire du commencement du siècle précédent, on se demande comment l'urne trop pleine de 1815 a pu, sans éclater, contenir le bouillonnement des passions au feu des événements politiques.

Cette année, qui a vu trois régimes successsifs, qui a vu son ciel traversé par un météore dont la chute fut aussi foudroyante que l'ascension, a délimité, impassible, une mesure de temps toujours égale.

Il y a bientôt un an que la royauté est rétablie. La France avait salué par des cris de joie ce que l'on croyait une ère de paix et de liberté. Bordeaux, qui avait fait, naguère, un accueil si enthousiaste aux représentants du Roi, se préparait à fêter brillamment l'anniversaire du 12 Mars, qu'allait rehausser encore le retour du Duc et de la Duchesse d'Angoulême.

Ceux-ci, en arrivant à Bordeaux, s'étaient entourés, comme ils l'avaient fait précédemment, d'un Conseil composé en majeure partie de membres de notre barreau dont ils connaissaient l'attachement et le dévouement à la cause Royale.

Au cours de la fête donnée le 9 Mars à la Bourse la foudroyante nouvelle se répand : le prisonnier de l'Ile d'Elbe a débarqué à Cannes ; Napoléon « vole triomphalement, de clochers en clochers » ; l'Empereur sera sur son trône demain, à Paris. Le duc d'Angoulême est rappelé d'urgence.

Bordeaux reste frappé de stupeur. On veut essayer de résister. L'avance du Général Clauzel n'a-t-elle pas été arrêtée sur la Dordogne par de Peyronnet à la tête d'une légion de la Garde nationale ?

Mais il faut de suite se rendre à l'évidence ; toute résistance est impossible ; les troupes régulières sont déjà gagnées. Au fond de chaque sac, se cache une cocarde impériale. Le soldat, à la seule vue du drapeau tricolore, retrouvera instantanément son fanatisme pour l'Empereur.

Il faut se résigner. Grâce aux négociations et à l'influence de Lainé et de Martignac fils, la Duchesse d'Angoulême pourra s'embarquer dignement, à Pauillac.

La ville courbe la tête sous l'occupation énergique du Général Clauzel. Le barreau, lui, refuse de se soumettre. Il voit dans l'Empereur le Génie qui couvre le pays de gloire, certes ; mais au prix du sang et de la liberté civique.

Si, à Paris, le Conseil de l'Ordre ne devait pas être renouvelé, à Bordeaux les avocats ne plaideront point devant les juridictions de l'usurpateur. Seul le devoir de la défense des accusés fera fléchir cette règle que nos grands anciens se sont imposée spontanément (1). Notre barreau manifestait ainsi ses sentiments, qu'il ne cachait pas, d'ailleurs, depuis 1810, et qui avaient éclaté lors de la mémorable journée du 12 mars. Depuis cette époque, il était resté ardemment royaliste.

Quelques mois plus tard, même, poussant les choses à l'extrême, sur le bruit qu'un membre du barreau aurait, naguère, donné son adhésion à l'acte additionnel aux constitutions de l'Empire, le Conseil de l'Ordre devait décider « qu'il serait sursis à la formation du tableau jusqu'à ce que l'on eût rassemblé tous les documents nécessaires pour arrêter les changements dont le tableau pouvait être susceptible (2) ».

Ce barreau était composé de ces cœurs généreux qui ne se donnent qu'une fois.

Lainé ne craignait pas, faisant preuve d'un rare courage civique, de lancer, le 25 mars, une proclamation invitant tous les Français à défendre par tous moyens le régime royal, et les Bordelais à refuser toute contribution publique (3).

*<br>* *

Puis, vinrent alors les premiers succès de l'Empereur et aussitôt, la défaite.....

Et tout de suite éclatent les passions. La France se

---

(1) Registre des délibérations du Conseil de l'Ordre, 10 Mai 1815.
(2) Délibération du 3 Novembre 1815.
(3) DUCOURECH DE RAQUINE. — *Le Barreau de Bordeaux sous l'Empire et la Restauration.*

divise en provinces ennemies. Le Nord applaudit à l'avance des armées étrangères marchant sur la Capitale. Paris et ses environs restent fidèles à Napoléon ; la foule acclame l'Empereur dès son arrivée ; ceux qu'il appelait ses mousquetaires gris et noirs parcourent la ville au cri de : « Vive l'Empereur ! »

Les Vendéens reprennent les armes. C'est à grand peine que, le 26 juin, à Cholet, une paix sera signée.

Dans le midi, les villes elles-mêmes sont partagées. Pendant toute la durée des Cent jours, royalistes, bonapartistes et libéraux avaient jalousement gardé leurs espérances et leurs haines. La nouvelle de la défaite de Waterloo déchaîne à nouveau toutes les fureurs. La guerre civile ensanglante les rues, de la plus petite bourgade à la plus grande ville. Marseille connaît le « jour de la Farce » (1).

A Bordeaux, il a fallu toute l'énergie du Général Clauzel et l'attitude menaçante de la Garnison pour contenir la poulation, tout entière royaliste. Ordre avait été, en effet, donné de tirer sur toute personne portant une cocarde blanche.

Mais l'annonce de l'abdication fait fleurir les cocardes blanches, les drapeaux blancs couvrent, comme par enchantement, les maisons, tandis que la troupe crie à la trahison. Elle ne peut comprendre l'écroulement si rapide de son idole. La population bordelaise donne libre cours à sa joie, et son enthousiasme, si lourdement

_______________

(1) Houssaye « 1815 ».

comprimé, éclate et devient une exaltation sans mesure et sans frein.

Dans cet état, se répand le bruit de l'arrestation des frères Faucher, soupçonnés de rébellion au Roi, et sur eux vont aussitôt se concentrer toutes les fureurs aujourd'hui débridées.

César et Constantin Faucher étaient nés le 12 septembre 1760, à La Réole. Fils d'un ancien diplomate, chevalier de Saint-Louis et de Saint-Michel, ils entrent, le 1er janvier 1775, aux chevau-légers de la garde du Roi. Au mois d'août 1780, ils étaient tous les deux nommés officiers au régiment de dragons de Boufflers, qu'ils quittèrent en 1788 avec le grade de capitaine et 28 blessures.

Jusqu'à la Révolution, ils avaient vécu dans le milieu aristocratique qui était le leur et où ils brillèrent par leur intelligence et leur esprit. Ils étaient d'une politesse même poussée, parfois, jusqu'à l'affectation. Leur culture littéraire était étendue, comme en témoigne leur correspondance. Une grande fermeté de caractère s'est démontrée chez eux lors de leur exécution. (1)

De bonne heure, leurs goûts, se séparant de ceux des hommes de leur milieu, et une certaine causticité aggravée par un esprit entier qui les portait à juger trop légèrement et trop vite, leur suscitèrent quelques inimités de coteries. Ils se déclarèrent fervents disciples de Rousseau et de Voltaire avec lequel ils se lièrent d'amitié.

_______________

(1) Lettres de Tournon, du 28 septembre à Fouché. Archives nationales.

Leur situation de fortune et leur naissance les avaient placés en vedette dans leur petite ville, dont ils dirigèrent bientôt l'opinion.

Leurs tendances libérales, leurs goûts pour les nouvelles théories sociales, s'affirmèrent dès la Révolution. Ils embrassèrent avec ardeur les nouveaux principes, qu'ils s'appliquèrent alors à répandre. Leur prestige en grandit : Dès 1791, César était président du district de La Réole, dont la municipalité avait pour chef Constantin.

Leur administration, d'ailleurs, fut marquée par les services qu'ils rendirent, notamment lors du projet de création d'un département entre le Bordelais et l'Agenais. (1).

Leur influence grandit encore et devint considérable à la suite de l'incident soulevé par le mariage que Constantin célébra en 1792 en se conformant aux règles de la nouvelle Constitution quoiqu'elle ne fut pas encore promulguée : le Directoire du département, informé du fait, prononça sa suspension.

Poussé par ses concitoyens, qui l'appuyèrent, Constantin envoya à l'Assemblée législative une protestation au vu de laquelle la dite Assemblée, déclarant que le mariage sus-visé avait été accompli dans les formes qu'elle proposait, passa à l'ordre du jour. Constantin obtenait donc pleine satisfaction. Il fut alors, à La Réole, l'objet d'un véritable triomphe et cette affaire augmenta encore la popularité des deux jumeaux.

_______

(1) Correspondances. — *Archives de La Réole.*

Leur enthousiasme ne les aveuglait cependant pas et ils eurent assez d'indépendance pour blâmer ouvertement et publiquement le supplice du roi.

Ce geste, d'un courage indiscutable à cette époque troublée, leur vaudra quelque temps après d'être condamnés par le tribunal révolutionnaire de Rochefort.

La République traversait une crise grave. Depuis 1792 les départements de l'Ouest s'agitaient. Bientôt, la terrible guerre civile s'allumait dans les pays de la rive gauche de la Loire. Les paysans de ces régions, fidèles à leurs traditions, haïssaient les idées nouvelles et ceux qui prétendaient les leur imposer. En peu de jours, tout le pays fut soulevé. Une guerre sans merci s'ouvrit dans ce pays éminemment favorable à toutes les embuscades ; elle fut encore rendue plus meurtrière par le courage de ces Vendéens, rudes et farouches, à la tête desquels s'étaient placés des chefs élégants et braves.

Devant le danger grandissant, des colonnes de volontaires se dirigèrent sur la Vendée. Les jumeaux partirent comme simples soldats dans une de ces formations levée dans leur pays et qui prit le nom de Bataillon des Enfants de La Réole.

Dès le début leur conduite fut brillante ; ils reconquirent rapidement, sur le champ de bataille, les grades qu'ils avaient abandonnés ; ils arrivèrent même ainsi au grade de général de Brigade.

Ils furent blessés plusieurs fois et gravement, notamment au combat de Fontenay, dans des circonstances glorieuses pour eux. Ils vinrent alors à Saint-Maixent pour se rétablir. C'est de là qu'ils écrivaient à leur mère des lettres témoignant de leur bravoure et de leur amour filial. (1).

Encore convalescents, ils furent traînés devant le tribunal révolutionnaire de Rochefort, sous l'inculpation vague et cependant suffisante de fédéralisme.

Le Tribunal les condamna à mort ; ils montaient déjà à l'échafaud lorsque le représentant du peuple, Lequinio, arrêta l'exécution. Les certificats de civisme qu'ils reçurent à cette occasion, tant des corps constitués que de la population de La Réole, leur permirent de rentrer dans leurs foyers.

C'est alors qu'ils employèrent leur influence au service de ceux qui imploraient leur protection. La correspondance émanant de personnalités telles que MM. de Marcellus, de Moraville, Lavayssière, Dunoguès, Montbarry et de M$^{me}$ de Menou, ne peut laisser aucun doute. (2). De même, grâce à leur protection, le général de Bonsol avait pu rester chez lui sans être inquiété et n'avait dû émigrer que lors de leur départ pour la Vendée.

Rattachés à l'armée du Rhin et Moselle, et réformés quelque temps après, Kléber disait d'eux : « Ils ne peuvent plus aller de l'avant ; mais qu'on les place comme pièces de position, cela leur conviendra, ils n'aiment pas aller en arrière. » (3).

Le Premier Consul nomma César membre du Conseil Général du département et Constantin Sous-Préfet de La Réole. Ils abandonnèrent ces fonctions en 1803, pour

---

(1) Correspondance. — *Archives de La Réole.*
(2) Correspondance. — *Archives de La Réole.*
(3) Bibliothèque historique, t. VI.

se lancer dans des entreprises fiancières, que d'ailleurs ils ne surent pas gérer. Les exploitations agricoles qu'ils tentèrent, ne réussirent pas davantage.

Ici se place l'accusation qui fut portée contre Constantin de manœuvres dolosives et d'escroquerie. Celui-ci aurait abusé de son influence politique pour extorquer une somme d'argent importante à celui à qui, les jumeaux avaient vendu une de leurs terres et dont, d'ailleurs, ils n'avaient jamais reçu aucun paiement.

Cette accusation, portée également contre plusieurs autres fonctionnaires, n'aboutit point. En effet, après la décision du Conseil d'Etat autorisant les poursuites, rendue sur la demande même de Constantin, celui-ci fut acquitté par la Cour d'Orléans.

Aussitôt que le Premier Consul devint Empereur, les deux frères abandonnèrent toute fonction publique.

César vécut beaucoup à Paris, où il avait de brillantes relations, et Constantin demeura dans sa province, s'occupant de mettre leurs terres en valeur.

Ils vécurent alors retirés des affaires publiques, cultivant leurs amitiés, notamment celle de Ravez, à qui ils avaient confié la défense de leurs intérêts dans un procès.

Ecoutez ce qu'ils lui écrivaient au début de Novembre 1813 :

« Fin 1813.

« A Monsieur Ravez

« Les liens d'attachement et de parenté ne dispensent
» pas d'être juste et la restitution est le devoir le plus
» rigoureux envers ses proches et ses meilleurs amis. Or,

» nous avons retrouvé dans nos vieux débris une agathe
» onyx d'un travail exquis qui appartient, évidemment,
» à M. Ravez. Elle est du temps de Démosthène et re-
» présente la tête d'Homère. Cette image du prince des
» poètes, produite dans le pays et dans le siècle du
» prince des Orateurs, s'était bien fourvoyée en s'arrê-
» tant chez nous. Elle arrive aujourd'hui à son adresse.
» Que M. Ravez veuille bien ne pas y méconnaître ses
» titres de propriété et nos obligations. C'est le désir et
l'espérance de deux jumeaux qui disent de lui ce que
» les Grecs disaient du chantre d'Achille : Il s'échauffe,
» il éclaire, et personne ne s'avise d'en être jaloux.
» Nous... etc...

» C. F.,   C. F. »

Cette bague est constituée d'un cercle d'or entourant
une tête de grec sculptée dans l'onyx et la sardoine. Le
travail est soigné, la monture porte la facture de la fin
du XVIIIᵉ siècle. C'est un bijou du genre de ceux que
portaient les muscadins ou incroyables et qui devait voi-
siner, dans la main de ces élégants, avec le poignet de
dentelles et la canne-gourdin.

Peu de jours après leur nomination de Chevaliers de
la Légion d'honneur et de Maréchaux de camp provi-
soires en date du 14 juin 1815 et leur affectation à l'armée des Pyrénées-Orientales, les jumeaux reçurent
l'ordre de se mettre à la disposition du Général Clauzel,
pour être employés à une mission particulière. Ils
étaient chargés par celui-ci, le 19 juin 1815, de se rendre
à La Réole et, grâce à leur influence, d'y former une
fédération particulière (1). Le programme de cette fédé-

---

(1) Dossier criminel.

ration fut affiché le 4 juillet 1815. En même temps, César fut nommé membre de la Chambre des représentants et Constantin maire de la Réole.

Aussitôt après le désastre de Waterloo, l'état de siège fut déclaré dans le département de la Gironde, et Constantin reçut le commandement militaire des arrondissements de la Réole et de Bazas. La nouvelle de la rentrée du Roi à Paris se répand, Constantin demande immédiatement des instructions à son chef militaire qui répond, le 11 juillet 1815, en le priant de se conformer aux décrets impériaux destinés à réprimer toute tentative de troubles à la tranquillité publique.

Puis, Constantin Faucher recevait un ordre du 16 juillet qui le mandait à Bordeaux et qui chargeait son frère de former une colonne mobile d'hommes connus par leur patriotisme, pour maintenir la tranquillité publique dans un rayon de 7 à 8 lieues à la ronde et de faire flotter partout le drapeau tricolore (1).

Ce n'est que le 21 juillet au soir que Constantin reçut l'ordre du nouveau Ministre de la Guerre de cesser toute fonction militaire. César ne connut cet ordre que dans la nuit.

Le lendemain matin, à l'aube, Constantin, en sa qualité de Maire de La Réole, et sur l'invitation du Général Clauzel, fit arborer le drapeau blanc. Immédiatement après, il abandonnait ses fonctions de Maire, qu'il transmettait à M. de Peyrusse, maire de la ville, avant le 20 mars.

------

(1) Dossier Criminel.

Dans les mêmes heures, Constantin fit un dernier acte de chef militaire : commandé par un sentiment d'humanité, il donna ordre de conduire à La Réole, sous bonne escorte, un bonapartiste arrêté à Bazas, pour éviter que la foule en délire ne se porte sur sa personne à des extrémités regrettables.

Mais le pays était en pleine effervescence. Des désordres se produisaient encore sur tous les points du territoire. La Réole ne fut point épargnée et l'on fit immédiatement retomber la responsabilité de ces troubles sur les jumeaux, que l'on considérait comme des bonapartistes incorrigibles ou des révolutionnaires.

Le 21 juillet, une troupe de soldats de l'armée de Toulouse, qui s'était débandée lors de l'apparition des drapeaux blancs passa, en bateau, devant La Réole. A la vue des drapeaux tricolores qui y flottaient encore, ces soldats se rendirent à la demeure du maire Constantin Faucher et là le supplièrent de se mettre à leur tête pour, sous ces couleurs, marcher sus à l'envahisseur, jurant de mourir au service de la patrie envahie.

Ces mêmes hommes, le lendemain, abattirent les drapeaux blancs qui venaient d'être arborés et sans doute, dans leur exaltation, se portèrent à quelques excès.

A la suite de ces événements, une troupe de gardes royaux, envoyée de Bordeaux, arriva à La Réole le 24 juillet. Ceux-ci, également, se portèrent à des excès sur la personne de certains bonapartistes qui furent l'objet de vexations et même de violences. Mais les jumeaux, retirés dans leur maison, furent ceux contre qui la fureur de cette troupe se tourna aussitôt. En effet, les soldats parcoururent les rues de La Réole, ameutant les royalistes et criant : « A bas les Faucher ! ... Il faut les égorger !... » Les jumeaux ne durent leur salut qu'au refuge qu'ils trouvèrent dans leur demeure, qui fut bientôt l'objet d'un siège en règle et où se réfugièrent aussi les derniers partisans de l'Empire.

Immédiatement, ils informèrent de ces faits M. de Peyrusse redevenu maire. Celui-ci leur répondit, se portant garant de leur sécurité.

Les jumeaux écrivirent également, le 25 juillet, une lettre au général Clauzel, pour le mettre au courant de leur situation. C'est cette lettre qui fut le motif du commencement des poursuites. Il est, je crois, utile d'en connaître les principaux passages :

«... Le sieur D..., à cheval, à la tête de sa troupe, crie tout haut en parcourant les rues qu'il est venu avec ses amis pour enlever les généraux Faucher, morts ou vifs. Leurs complices sont Durand-Laubessac et Durand-Levison, cousins du sous-préfet.

» Dans cet état de choses, notre maison est réellement en état de siège ; et, *au moment où nous écrivons, nos armes sont là ; nos avenues éclairées, et le corps de la place en défense, et nous ne craignons pas la désertion de la garnison de la place.*

» Cet état respectable est respecté par ces Messieurs, qui attaquent, frappent des (h)ommes faibles, des enfants.

. . . . . . . . . . . . . . . . . . . . . . . . . . . . . . . . . . . . . .

» Ces Messieurs, dits gardes royaux à cheval, grossis

des gardes royaux de ces contrées, ne s'élèvent pas à plus de cent chevaux ; *nous enlèverions ces Messieurs, et comprimerions leurs satellites ; ce serait l'affaire de deux heures en plein midi, avec les seules forces que notre population bonne nous donne ; mais nous craignons* que cet acte de juste défense ne puisse être le signal de la guerre civile, ou au moins ne contrarie les dispositions de notre général, spécialement encore chargé de tout ce qui tient à l'ordre public. Nous vous aurions une grande obligation si vous nous disiez quelle est la marche que nous devons tenir dans cet état de crise pour être *en aide à la patrie en souffrance.*

» Cette lettre vous est remise par *un patriote de confiance.*

» Nous sommes, etc.

» Le Général, C. Faucher. »

Cette lettre fut remise par le Général Clauzel au Comte de Tournon, qui prit immédiatement un arrêté de perquisition.

La perquisition fut faite le 31 juillet ; on trouva : « 2 fusils doubles de chasse, huit fusils simples de chasse, dont trois hors de service, un fusil de munition avec sa baïonnette, une carabine de chasse, deux gros pistolets de cuivre, une paire idem d'arçons, 3 sabres de cavalerie, deux briquets dont un sans fourreau, 7 vieilles épées dont 5 ne peuvent sortir du fourreau, huit pétards qui ne sont propres qu'à faire du bruit, enfin 7 piques, dont deux porte-drapeaux. » (1).

---

(1) Dossier Criminel.

Au cours de cette perquisition à laquelle il procédait, le capitaine de gendarmerie reçut du Procureur du roi Dumoulin, l'ordre d'arrêter et d'amener devant lui les jumeaux.

Il est utile de faire connaître les termes de ce document :

> « *La Réole, le 31 juillet* 1815.

> » Monsieur le Capitaine de Gendarmerie,

> » Le *bruit public* m'informe que par suite de l'opéra-
> » tion à laquelle vous procédez chez les frères Faucher
> » et dont vous m'informez par votre lettre de ce jour,
> » vous avez trouvé fusils, épées, sabres et pierriers....

> » En conséquence, j'ai l'honneur de vous requérir de
> » saisir et de traduire devant moi les deux frères Fau-
> » cher.

> » J.-J. Dumoulin. »

Ainsi, sans connaître la teneur du procès-verbal, sur le simple « bruit public », le Procureur du roi Dumoulin prend la détermination de faire arrêter les frères Faucher !

Il se reflète évidemment dans cette circonstance et le dessein de gagner les bonnes grâces du nouveau régime, en faisant oublier les services qu'on avait rendus au précédent, et la satisfaction de vieilles rancunes.

En effet, J.-J. Dumoulin avait servi l'Empire en 1813 ; puis, la Royauté ; ensuite, l'Usurpateur ; puis, de nouveau, la Royauté. En outre, en 1794, son père et lui avaient été poursuivis et condamnés pour escroquerie, par le Tribunal dont, en sa qualité de Président du district de La Réole, César Faucher était le premier juge.

Depuis le jour de leur arrestation, les frères Faucher furent l'objet de vexations sans nombre. On peut même dire qu'ils furent traités avec cruauté.

Ils furent emprisonnés à La Réole, sous mandat d'arrestation du Juge d'instruction et, tout de suite, les exactions commencèrent. Les autorités militaires, qui n'avaient aucune qualité pour ce faire, vinrent surveiller les prisonniers et leur interdire toute communication avec leurs parents. Selon la lettre écrite par les jumeaux au maire de La Réole, des hommes de troupe se font leurs geôliers et exercent sur eux une tyrannie vulgaire que ne connaissent pas les condamnés de droit commun.

Le Procureur général Rateau prit la décision de les faire transporter et incarcérer à Bordeaux.

Cette nouvelle fut immédiatement connue, on ne sait comment. Un rassemblement de quelques exaltés se produisit pour attendre cette arrivée, dans l'espoir de s'emparer des jumeaux. Il n'est pas douteux que c'est grâce à la présence d'esprit du chef de l'escorte, qui fit changer l'itinéraire au dernier moment, que les Faucher échappèrent à l'agression préparée contre eux.

Quoiqu'il en soit, ils furent immédiatement enfermés au Fort du Hâ et même, bien que prévenus, placés dans le quartier des condamnés, où ils furent reçus par une délégation de prisonniers de droit commun qui vinrent leur demander de payer leur bienvenue. Cette manifestation avait été organisée avec de l'argent royaliste.

Quelques jours après, le 8 août, le Procureur général

les interrogea. Leurs réponses furent claires et précises. Néanmoins, sur la réquisition du Procureur général, la Cour de Bordeaux rendait un arrêt, le 10 août 1815, « renvoyant les frères Faucher devant la juridiction militaire ».

Depuis ce jour où ils tombaient sous la main de l'autorité militaire, les jumeaux virent leur sort empirer dans des proportions inhumaines.

Jusque là, ils avaient été l'objet de tracasseries sans nombre des volontaires royaux qui avaient eu accès jusqu'à eux. On avait même eu la cruauté de leur faire tenir un article indigne qui avait paru dans un journal de Bordeaux, sur leur compte.

Depuis leur entrée au fort du Hâ, on leur avait très difficilement permis de faire venir des vivres de la ville. Un ami fidèle, le Capitaine de demi-solde Monneins, et la nièce des jumeaux se chargèrent d'aider les prisonniers de tous leurs pouvoirs, malgré les injures et les obstacles innombrables qu'ils rencontrèrent. Mais, du jour où ils furent déférés à la juridiction militaire, leur détention devint un véritable supplice.

La correspondance des jumeaux adressée à leur nièce explique clairement quelle fut leur atroce situation.

Ils furent transférés dans la tour exclusivement réservée aux forçats condamnés aux fers, et mis au secret. Pour tout mobilier, leur cachot contenait une mauvaise couverture et une cruche d'eau. On les prévint qu'ils n'auraient plus que la nourriture de la prison. Dans un coin, au niveau du sol, se trouvait l'ouverture des latrines, communiquant avec celles du rez-de-chaussée ; de cette ouverture sortaient des odeurs infectes, l'air en était si corrompu et alourdi que les malheureux prisonniers étaient dans l'obligation de se tenir debout pour ne point être asphyxiés. Au surplus, il y avait une telle vermine que le corps des deux frères, au bout de quelques heures, ne fut plus qu'une plaie.

On leur refusa même un siège quelconque et un pot de chambre, sous le prétexte qu'en les brisant ils auraient pu s'en faire des armes dont ils auraient usé contre leurs geôliers. Force leur était donc de s'appuyer dos à dos pour pouvoir se reposer un peu.

Leur triste sort ne fut point modifié jusqu'au dernier jour. Leur instruction n'avançait guère. Il leur avait été interdit de communiquer avec des Conseils.

Enfin, les témoins furent entendus.

Ces dépositions recueillies au cours de l'information sont toutes relatives aux désordres dont la ville de La Réole avait été le théâtre du 22 au 27 juillet 1815.

Les témoins racontent notamment, et la plupart par ouï dire, comment les drapeaux blancs arborés par Constantin au matin du 22 juillet furent abattus par une troupe de soldats provenant du licenciement de l'armée de Toulouse.

Aucun des témoins n'affirma que les généraux Faucher avaient été les instigateurs de ces désordres.

Il fut rappelé également la part que prirent les jumeaux dans l'organisation de la fête fédérative du 8 juillet. On se rappelle que c'est sur l'ordre du Général Clauzel que cette fédération avait été annoncée et préparée par eux.

Certaines déclarations leur imputèrent encore d'avoir fait poursuivre les gens qui, à Bazas ou à La Réole, arboraient des cocardes ou des drapeaux blancs. Sur ce point encore, les jumeaux agissaient d'après des ordres précis ; le témoin Barrucchi, lieutenant de gendarmerie à La Réole, le confirma expressément dans sa déposition.

Enfin, il fut indiqué que, postérieurement au 22 juillet, une patrouille de la Garde nationale s'arrêtant, la nuit, devant la porte des frères Faucher, une voix cria de l'intérieur : Qui vive ?... »

Il est à remarquer que le plus grand nombre des témoins entendus étaient des hommes qui avaient été arrêtés, d'ailleurs quelques heures par la gendarmerie, dans le courant des mois de juin et juillet, pour avoir arboré la cocarde ou le drapeau blanc, ou pour avoir poussé des cris de « Vive le Roi ! ». Ces arrestations avaient été faites en vertu des instructions générales données par les jumeaux pour maintenir l'ordre.

La majorité des témoins déclara, en outre, sans autre précision, qu'à la connaissance des déposants les Généraux Faucher avaient comprimé l'élan de fidélité des sujets de Sa Majesté.

Enfin un témoin vint affirmer que le jour de l'abdication de l'Empereur, les jumeaux parcoururent la ville en grand uniforme, proclamant l'avènement de Napoléon II.

A cette affirmation les jumeaux opposèrent la plus formelle dénégation.

En tous cas s'ils l'avaient fait il eut été difficile de le

leur reprocher, puisque historiquement, l'avènement de son fils avait été la condition de l'abdication de Napoléon.

Au demeurant, en dehors de ces appréciations sans grande valeur et de quelques contradictions, il résulte seulement de cette information qu'une certaine effervescence s'est manifestée à La Réole dans le courant du mois de Juillet et que quelques désordres se sont produits. Nulle part n'apparaît la preuve formelle qu'un rôle quelconque ait été joué par les frères Fauchier dans ces dernières circonstances.

On entendit encore les nommés Duclos et Varet, chefs d'un détachement de troupes qui se seraient portées à des exactions sur la personne, et au pillage de la demeure d'un nommé Verduzan. Duclos lui-même était, pour ce fait, détenu à la prison de Bordeaux.

Ces deux hommes rejetèrent l'un sur l'autre la responsabilité de ce désordre, prétendant chacun avoir agi sous les ordres de l'autre. Puis ils alléguèrent avoir agi sur les indications des jumeaux de La Réole, leur désignant la demeure de Verduzan comme étant celle d'un royaliste affreux, dont la maison devait être pillée. Sur ce point, les jumeaux opposèrent les dénégations les plus formelles et les plus énergiques.

Le commissaire du gouvernement près le Conseil de Guerre de la 11e Région procéda, le 17 septembre, à leur interrogatoire qui fut le reflet fidèle de celui qu'ils avaient subi du Procureur général. Là, encore, leurs réponses furent nettes et catégoriques, souvent hautaines. Notamment, répondant à la question qui leur fut posée de l'existence d'une troupe armée dans leur maison, après le 22 Juillet, ils racontèrent les agressions dont ils avaient été menacés et les cris de mort dont ils avaient été l'objet de la part d'une troupe venue de Bordeaux et revêtue d'insignes militaires. Ils dirent comment, dans ces circonstances, ils avaient été dans l'obligation de se réfugier chez eux et de se préparer à se défendre en cas d'agression, ce dont ils avaient prévenu le Général Clauzel et le maire de la ville. Ce dernier, même, leur avait répondu en leur déclarant qu'il se portait garant de leur sauvegarde, disant que ces agresseurs devraient, pour arriver à eux, ensanglanter son écharpe municipale.

Il est d'ailleurs bon de remarquer que l'attitude menaçante des nouveaux venus n'avait point cessé.

Dans toute cette procédure, il est difficile de trouver à la charge des jumeaux une prévention sérieuse. Tout ce que l'on peut produire contre eux, ce sont des allégations. On est même obligé d'aller jusqu'à leur reprocher la création de la fédération du 8 Juillet.

Ce qui démontre encore la difficulté de trouver une accusation sérieuse, c'est que tantôt on leur reproche d'avoir été les instigateurs des troubles dont La Réole avait été le théâtre, tantôt on les accuse de n'avoir pas essayé de les réprimer ; ce qu'il n'avaient, d'ailleurs, nullement à faire, puisque leurs pouvoirs avaient cessé avec la journée du 21 Juillet.

A cet interrogatoire, les jumeaux désignèrent Ravez pour leur défense ; mais celui-ci ne put se charger de ce soin.

Le 21 septembre, à la demande des jumeaux, la procédure fut mise à la disposition de Gergerès. Le même jour, à 9 heures du soir, Desgranges-Bonnet était désigné d'office par le Rapporteur ; mais cette désignation ne fut pas expédiée.

Le lendemain matin, 22 septembre, à 7 heures, les débats s'ouvraient devant le Conseil de Guerre présidé par le Colonel Gombaud.

Les frères Faucher étaient accusés :

1° D'avoir retenu contre la volonté du Gouvernement un commandement qui leur avait été retiré ;

2° D'avoir commis un attentat dont le but était d'exciter à la guerre civile et d'armer les citoyens les uns contre les autres, en réunissant dans leur domicile des gens armés qui y faisaient un service militaire et qui criaient « Qui vive ?... » sur les patrouilles de la Garde Nationale ;

3° D'avoir comprimé, par la force des armes et la violence, l'élan de fidélité des sujets de sa Majesté ;

4° D'avoir embauché pour les rebelles et détourné de leurs drapeaux les soldats du roi, en les engageant à se joindre à la Bande de Florian.

Le jugement déclare :

«..... Cette lecture terminée, le Président a ordonné à la Garde d'amener les accusés, lesquels ne sont point accompagnés du défenseur officieux, par eux choisi dans leurs interrogatoires des 17 et 18 courant, qui n'a pas voulu se charger de leur défense et a été remplacé par M⁰ Gergerès, ainsi qu'il est constaté par la lettre du 20 courant des dits frères Faucher au Rapporteur, lequel dit M^c Gergerès a été mis en demeure de prendre communication des pièces de la procédure, ainsi qu'il est aussi constaté par la lettre à lui écrite à cet égard par le Greffier, ce dernier défenseur choisi par les accusés n'ayant pas voulu être leur Conseil, le sieur Desgranges-Bonnet a été nommé d'office par le Rapporteur sur la demande qui lui en a été faite par les dits frères Faucher et a été également mis en demeure de prendre communication des pièces de la procédure, ce qu'il n'a pas fait. »

Le Conseil décidait alors de passer outre, par le motif que l'absence de défenseur ne pouvait retarder les opérations de jugement.

Le jugement les déclare coupables sur tous les chefs de l'accusation, sauf celui relatif à l'embauchage de soldats pour la troupe du rebelle Florian.

Les jumeaux sont condamnés à mort.

Il est de fait que les jumeaux ne furent pas défendus. A quoi faut-il attribuer cette carence de défenseurs ?

Est-ce la peur — comme on a voulu le faire croire — qui a retenu les avocats appelés par les accusés ? Se sont-ils dérobés à leurs devoirs ?

Il nous faut, en présence d'une accusation aussi grave, regarder en face la vérité.

Ravez avait été l'ami des frères Faucher et, dès que cela leur fut permis, ils lui écrivirent. Il avait accepté de se charger de leur défense lorsque, brusquement, il revint sur sa décision.

L'ami des prisonniers, le Capitaine Monneins, tenta auprès de lui une nouvelle démarche. A la suite de la visite qu'il fit à l'avocat, voici le billet qu'il adressa au fort du Hâ, la veille du jugement :

« Je suis revenu de chez M. Ravez, afin de le supplier de vouloir bien prendre votre défense, comme il vous l'avait promis ; mais il m'a montré une lettre de l'Etat-Major de la Place, dans laquelle M. de la Porterie lui intimait l'ordre de M. le Gouverneur de Viomesnil de ne point se mêler directement ni indirectement de vos affaires. « (1).

Il faut rapprocher de ce billet ces passages de la correspondance des prévenus : il s'agit précisément de la lettre de Ravez indiquant les raisons pour lesquelles il ne peut se charger de la défense des jumeaux et que ceux-ci avaient ouverte en présence du Rapporteur. Il n'a jamais été possible de retrouver cette lettre :

« Je l'ouvris et en lus tout haut les premières lignes — écrivait un des prisonniers —. Dès que je vis la nature des raisons qui vous forçaient à vous abstenir de nous prêter votre appui, je m'arrêtai, mais les mots « me forcent » avaient été prononcés.... »

D'une autre lettre adressée au capitaine rapporteur :

« ... Quand surtout l'autorité militaire qui, en prétendant nous juger, avait le devoir de s'abstenir de tout point de contact avec le défenseur désigné, voulu par nous ; quand cette autorité est tellement intervenue, ce nonobstant, dans nos rapports avec cet homme plein d'honneur et de sentiments élevés, qu'il a été forcé de nous refuser son appui... »

---

(1) CHAUVET, Bibliothèque Historique.

A la suite de cette dernière lettre, les jumeaux furent mis en demeure de rétracter cette assertion, ou de faire connaître les raisons qui l'appuyaient. Ils y répondirent immédiatement :

« ... Dès ce moment, et avant ce moment, M. de la Bouterie et vous connaissiez les raisons alléguées par M⁰ Ravez puisque vous aviez ouvert les lettres qu'il nous avait écrites et que vous lui aviez renvoyées, en lui fixant les *étroites limites* qu'il ne devait pas franchir, en lui dictant, pour ainsi dire, sa réponse.

« Nous bornons ici la nôtre, Monsieur, nous attendrons l'effet de vos menaces. »

L'état d'esprit des autorités civiles et militaires sera encore éclairé par ce fait que le Capitaine de demi-solde Monneins, qui avait offert aux jumeaux de les défendre, fut mis aux arrêts de rigueur, au Château-Trompette, la veille du jugement ; il ne fut libéré que le lendemain de l'exécution.

Enfin, un dernier passage d'une lettre des jumeaux à Ravez :

du 20 Septembre.

« ..... Nous ne démentirons pas dans nos derniers moments l'estime que vous nous avez accordée. Nous emporterons votre souvenir, et ce sentiment suffirait à nous donner des forces, si nous ne les trouvions dans notre cœur... Nous vous conserverons jusqu'à la fin les sentiments de la plus haute estime et d'une tendre reconnaissance. »

C'est à l'aide de ces seuls éléments que la conduite de

Ravez doit être jugée et aussi celle de Gergerès et, en général, des membres du barreau de Bordeaux.

Desgranges-Bonnet est hors de cause. Sa nomination d'office, en effet, est datée de la veille du jugement à 9 heures du soir et ne lui est jamais parvenue.

Il est à noter qu'un avocat a toujours le droit de refuser son concours ; mais il est certain qu'une violente pression a été exercée sur les avocats susceptibles de prendre la défense des frères Faucher ; pression qui, pour aboutir, a dû certainement s'appliquer à leur loyalisme et à leurs convictions. Mais elle ne fut pas la seule à les déterminer. En outre du délai notoirement insuffisant qui était accordé pour préparer utilement une défense, et des « étroites limites » dans lesquelles les autorités royales voulaient la borner, ils ont eu la certitude que la juridiction criminelle appelée à juger les Faucher n'aurait pas le triste courage, ni le droit, de passer outre à l'absence de défenseur. Ils espéraient peut-être par là tout au moins un retard qui ne pouvait qu'être favorable aux accusés.

Les circonstances ont démontré qu'ils ont eu tort et c'est là le reproche qu'on est en droit de leur adresser.

Nous savons d'ailleurs que, lors de leur comparution au Conseil de Révision, devant lequel ils s'étaient pourvus, les jumeaux furent brillamment défendus par l'ancien bâtonnier, le bâtonnier en exercice, le bâtonnier déjà nommé pour l'année suivante et le plus ancien membre du Conseil de l'Ordre. (1).

---

(1) *Mémorial Bordelais* 1812-

Quel riche plaideur, quel puissant homme d'Etat peut se vanter d'avoir eu attachés à sa cause une pléiade d'avocats tels que Albespy, Dénucé, Emérigon, Gergerès ?....

Tout ce que le barreau de Bordeaux comptait d'éloquence et de renommée s'était donné aux jumeaux.

Mais cette manifestation, si courageuse et noble qu'elle soit, ne peut effacer une ombre que les cœurs si susceptibles des avocats devinent plutôt qu'ils ne la voient. C'est trop pour eux, bien qu'évidemment toute tentative eût été inutile.

Les avocats devant le Conseil de Révision eurent beau jeu pour attaquer le premier jugement et la procédure qui l'avait précédé. J'en veux seulement pour exemple le fait que, contrairement à la loi, pour juger des officiers généraux le Conseil était présidé par un colonel.

Et encore, le président du Conseil de Guerre ne figurait pas sur les registres de l'armée en 1815, le vice-président n'y figurait qu'en 1816 ! (1).

Malgré ces vices éclatants et malgré les cinq autres moyens de nullité soulevés par les défenseurs, le Conseil de Révision confirmait, le 26 septembre, le jugement du Conseil de Guerre, par 3 voix contre 2.

C'était la mort !

Les deux frères entendirent avec courage la lecture de l'arrêt. Leur égalité de cœur ne se démentit pas un instant jusqu'au dernier moment. Ils parcoururent le chemin qui les amenait jusqu'au lieu du supplice la main

_______

(1) Cas. Faucher : Les Jumeaux de La Réole.

dans la main, sans donner le moindre signe de défaillance.

Ils furent fusillés dans un pré attenant à la Chartreuse actuelle ; l'un d'eux commanda le feu du peloton d'exécution. (1).

Tel fut le dernier épisode qui mit fin au fameux procès des Frères Faucher.

Depuis lors, on a violemment pris parti sur ces événements. On a considéré les victimes tantôt comme les pires égorgeurs de la Terreur, tantôt comme des martyrs. Ils ne furent, en réalité, ni l'un ni l'autre.

Une chose reste cependant, la disproportion du châtiment avec les fins de la poursuite, d'ailleurs purement politique.

Si c'est leur conduite pendant les pires jours de la Révolution que l'on a voulu réprimer, alors leur condamnation intervenait bien tard. Si c'est seulement leur attitude politique pendant les Cent-Jours qui appelait un châtiment, celui-ci était bien lourd en comparaison de ce qu'une sereine justice aurait pu trouver dans l'autre plateau de la balance.

L'empressement des juges impitoyables à suivre les cruelles réquisitions du Gouvernement est troublant. Il est difficile de se soustraire à un sentiment un peu pénible à l'examen du dossier et de la procédure ; surtout lorsqu'on est obligé de se livrer à des suppositions sur les raisons qui ont empêché Ravez de prendre la défense des accusés. Il est impossible de ne pas craindre que ce

---

(1) Rapport de Tournon. Archives Nationales.

soit une intervention des pouvoirs publics qui, s'ils l'ont faite, ont souillé leur rôle.

Une poursuite dirigée contre des hommes politiques ayant appartenu à un autre Régime est difficile ; rarement les passions et les haines de partis ne font trève dans cette occasion. Les Faucher ont sans doute été les victimes d'un manque d'indépendance d'autant plus malheureux qu'en ces matières la plus grande prudence est un devoir absolu.

La véritable sagesse est empreinte dans ces mots trouvés dans les mémoires inédits de Tournon : « J'aurais fort désiré que leur sang n'eut pas coulé, parce que, dans les discussions civiles, nul n'est jamais assez certain d'avoir la justice de son côté. Leur mort fut un triomphe pour le parti que je cherchais à contenir et c'était une raison de plus pour que je m'en affligeasse. » (1).

On dit que les Généraux de La Réole reposent à la Chartreuse, au coin des allées Fonfrède, Goya et du Dépositoire, sous une pierre modeste revêtue de mousse et de lierre. (2) La dalle ne porte aucune mention. L'oubli et l'ignorance lui font un voile impénétrable.

Ces deux frères tendrement unis méritaient au moins que, sur la pierre qui les recouvre, on écrivit les paroles qu'ils adressaient, la veille de leur mort, au Maréchal de Marmont : « Dans une heure nous ne serons plus, mon frère et moi allons être fusillés par une de ces erreurs que justifient les axaltations populaires. » (3).

---

(1) Abbé Moulars : *Mémoires inédites de Tournon.*
(2) M. Ferrus : *Le Fort du Hâ.*
(3) Correspondance, Archives de La Réole.

Imp. L. Delbrel, 20, rue Condillac, Bordeaux.